LA DAMA DEL CIELO

La dama del cielo

ALDIVAN TORRES

Canary Of Joy

Contents

1   1

1

La dama del cielo
Aldivan Teixeira Torres
La dama del cielo

Autor: Aldivan Teixeira Torres
© 2018-Aldivan Teixeira Torres
Reservados todos los derechos

Este libro electrónico, incluidas todas sus partes, está protegido por derechos de autor y no puede reproducirse sin el permiso del autor, revenderse o transferirse.

Aldivan Teixeira Torres es un escritor consolidado en varios géneros. Hasta la fecha, se han publicado títulos en nueve idiomas. Desde temprana edad, siempre fue un amante del arte de escribir habiendo consolidado una carrera profesional desde el segundo semestre de 2013. Espera con sus escritos contribuir a la cultura brasileña, despertando el placer de la lectura en quienes aún no tienen el hábito. Su misión es conquistar el corazón de cada uno de sus lectores. Además de la literatura, sus principales gustos son la música, los viajes, los amigos, la familia y el placer de vivir. "Por la literatura, la igualdad, la fraternidad, la justicia, la dignidad y el honor del ser humano siempre" es su lema.

Nuestra señora apareció

Nuestra Señora de Aparecida
Aparecieron milagros conocidos de Nuestra Señora
Nuestra Señora de la Presentación
Nuestra Señora de Lavang
Nuestra Señora de Liquen
Nuestra Señora de Lourdes
Primera aparición
Segunda aparición
Tercera aparición
Cuarta aparición
Quinta aparición
Sexta aparición
Séptima aparición
Octava aparición
Novena aparición
Décima aparición
Undécima aparición
Duodécima aparición
Decimotercera aparición
Decimocuarta aparición
Decimoquinta aparición
Decimoséptima aparición
Decimoctava aparición
Nuestra Señora del Buen Socorro
Nuestra Señora de la Esperanza
Nuestra Señora de Pellevoisin
Enfermedad de estela
Primera aparición
Segunda aparición
Tercera aparición
Cuarta aparición
Quinta aparición
Sexta aparición
Séptima aparición

Octava aparición
Novena aparición
Décima aparición
Undécima aparición
Duodécima aparición
Decimotercera aparición
Decimocuarta aparición
Última aparición
Nuestra Señora de Knock
Apariciones en China
Nuestra Señora de Qing Yang
Nuestra Señora de Sheshan
Nuestra señora apareció
Barcelos-portugal-1702

Era agosto de 1702. El joven John estaba pastoreando su rebaño en el Monte de Castro de Balugães cuando estalló una tormenta. Buscando refugio en una cueva en una lapa, se sorprendió por la aparición de una bella dama envuelta en luz.

"¿Por qué estás sorprendido, John?" Preguntó la mujer.

"Estoy aterrorizado porque nunca he visto una aparición", respondió el ex mudo, curándose instantáneamente.

"Cálmate, joven." Yo soy Nuestra Señora. Te pido que le envíes un mensaje a tu padre de que quiero la construcción de una Capilla en este lugar.

"Él está bien. Te daré el mensaje ahora - John se preparó.

"Muchas gracias." Agradeció a Nuestra Madre.

El joven corrió hacia su casa llena de alegría. Para él, fue un honor haber sido elegido portavoz de ese santo tan querido por la comunidad cristiana. Por tanto, era prudente cumplir su deseo lo antes posible.

Al llegar a casa, encontró a su padre descansando en el sofá de la sala de estar. Aprovechó la oportunidad para iniciar una conversación.

"Padre, necesito hablar contigo".

"¿Qué? ¿No eras tonto?

"Fui curado". ¿Puedes escucharme?

"Sí, puedes hablar.

"Tengo una petición que hacer: quiero que construyas una Capilla en honor a Nuestra Señora de Aparecida.

"¿De dónde sacaste esta idea, chico?»

"Fue el santo quien preguntó".

"¿Santo?» ¿Puedes explicar mejor esta historia?

"Vino a verme cuando estaba con mi rebaño en el Monte De Castro de Balugães". Era obvio en tu solicitud.

"¿Tú tomaste? ¿Dónde has visto espíritus alguna vez? Ya lo sé: bebiste, soñaste y pensaste que todo era real.

"¡Pero papá!

"No lo creo. ¡La conversación terminó!

El joven estuvo entristecido por el resto del día. Al día siguiente, volvió a pastorear en el mismo lugar que antes. Fue entonces cuando la extraña Dama apareció de nuevo.

"¿Cómo estás, John?» ¿Seguiste mis órdenes?

"Sí, mi madre. Sin embargo, no sirvió de nada. Mi padre no creyó mis palabras.

"¡Qué insensible de su parte!" Vete a casa y reitera mi petición. Para convencerlo, pídele pan.

"Está bien, señora". Haré lo que me pidas.

El chico se apresuró a volver a casa. En ese momento reinaba la curiosidad por lo que iba a pasar relata su petición, ya que normalmente no tenían pan disponible ese día. Aun así, obedecería la orden del santo.

John siempre había sido un chico tranquilo y corriente, pero después de los últimos acontecimientos se había vuelto inexplicablemente misterioso e iluminado. A este cambio se le atribuyó la gran obra de Dios en su vida.

Cuando llegó a casa, encontró a su padre descansando en el mismo lugar que antes. Luego se acercó de nuevo.

"Padre, el santo se me apareció de nuevo». Ella solicita la construcción de su Capilla una vez más.

"¿Esta historia otra vez?» ¿No te has cansado todavía?

"Como no le creíste, ella dice: dame pan.

"¿Un pan? No tengo ninguno conmigo. Si quieres migas, tengo algunas en el horno.

"Ve a buscarlo para mí».

A regañadientes, se levantó y fue a comprobarlo. Cuando abrió el horno, cuál fue su sorpresa cuando lo vio lleno de pan.

"Así dice nuestra madre: así como convertí las migas en pan, también puedo convertir tu corazón duro».

"¡Dios mío y mi madre!» Qué tonto fui al no creer. Prometo cumplir con la solicitud de nuestra madre con urgencia.

"Bien, mi padre.» Escribe al obispo. Él nos ayudará.

"Buena idea.

Comunicaron los hechos a la Diócesis que, mediante investigación, los demostró. Se construyó el templo de la Virgen Madre donde el mismo niño trabajó como sacristán hasta el final de sus días. Con la aparición en Barcelos, nuestra Señora se convirtió en la protectora especial del pueblo portugués.

Nuestra Señora de Aparecida

Aparecida-Brasil-1717

Era la segunda quincena de octubre de 1717. Pedro Miguel de Almeida Portugal y Vasconcelos, Conde de Assumar y Gobernador de la Capitanía de São Paulo y Minas de Oro estaban de visita en Guaratinguetá. Para honrarlos, algunos grupos de pescadores lanzaron sus botes en el río Paraíba para pescar.

Entre ellos, los pescadores Domingos García, John Alves y Filipe Pedroso rezaron a la Virgen María pidiendo ayuda divina. Hubo varios intentos de pesca fallidos hasta que, cerca del Puerto de Itaguaçu, pescaron la imagen de la Virgen María. En intentos posteriores, capturaron tanto pescado que el barco apenas podía soportar su peso.

La imagen estuvo alojada en la residencia de Filipe Pedroso durante quince años desde donde recibió la visita de los fieles para la oración. Hubo muchos informes de milagros, que atrajeron a más y más personas de todas partes del país. La solución fue trasladar la imagen a un oratorio y posteriormente se construyó una capilla que se convirtió en la actual basílica, el cuarto templo mariano más visitado del mundo.

El 16 de julio de 1930, nuestra Señora de la Concepción de Aparecida fue proclamada patrona de Brasil por el Papa Pío XI. El feriado del 12 de octubre se oficializó mediante la Ley número 6802, de fecha 30 de junio de 1980. Nuestra Señora de Aparecida es la protectora de todos los brasileños.

Aparecieron milagros conocidos de Nuestra Señora

Milagro de las velas-1733

Fue una noche tranquila en el oratorio que albergaba la imagen del santo. Sin motivo aparente, las dos velas que encendían el lugar se apagaron. Antes de que pudieran reavivarlos, se encendieron por sí mismos causando gran admiración entre los presentes.

Caída de las cadenas-1850

Un esclavo llamado Zacarías, que pasaba cerca de la Iglesia donde estaba la imagen del santo, pidió permiso al capataz para entrar al templo y rezar a Nuestra Señora. Por supuesto, entra al santuario y se arrodilla ante la imagen, rezando fervientemente. Antes de terminar la oración, milagrosamente las cadenas que lo ataban se aflojan, dejándolo completamente libre.

El caballero

Un caballero, de paso por Aparecida, muy escéptico de Dios, se burló de los peregrinos al ver su fe. Queriendo probar su hipótesis, se prometió a sí mismo ir a caballo a la Iglesia. Sin embargo, antes de lograr su propósito, la pata de su caballo quedó atrapada en la piedra de la escalera de la Iglesia, derribándolo. A partir de entonces, se arrepintió y se convirtió en devoto de la Virgen.

El ciego

La familia Vaz vivía en Jaboticabal y todos eran muy devotos de Nuestra Señora de Aparecida. Entre los miembros de la familia, la niña más pequeña era ciega de nacimiento. Tenía una gran fe en Nuestra Señora y su mayor sueño era visitar la basílica de la santa.

Mediante la obra del Espíritu Santo, la familia cumplió el sueño de la niña durante el período de vacaciones. De repente, cuando llegó a la escalinata de la Iglesia, la niña exclamó: "Madre, ¡qué hermosa es esta Iglesia!". A partir de ese día, comenzó a ver con normalidad, aumentando el número de milagros atribuidos a la patrona de Brasil.

El chico en el río

El hijo y su padre fueron al río a pescar. Esta fue una actividad de rutina para ambos y ellos ya tenían experiencia en ella. Aun así, ocurrió un accidente: debido a la fuerte corriente, el niño cayó al río siendo arrastrado por la corriente. Desesperado, el padre clamó por la ayuda de Nuestra Señora de Aparecida. De inmediato, la corriente calmó lo que permitió la salvación del niño a través de su padre.

El hombre y el jaguar

Un granjero se dirigía a casa después de un día de trabajo normal. En un momento, apareció un jaguar que lo asustó y lo arrinconó. La salida fue pedir ayuda a Nuestra Señora de Aparecida. La estrategia funcionó porque el jaguar simplemente se escapó.

Nuestra Señora de la Presentación

Natal-Brasil-1753

El 21 de noviembre de 1753, los pescadores encontraron una caja de madera en una de las rocas cerca de la orilla del río Potengi. Al abrir la caja, encontraron una imagen de Nuestra Señora del Rosario acompañada del siguiente mensaje: Donde esta imagen traiga desgracia no sucederá.

El sacerdote de la ciudad fue informado del descubrimiento y como ese día era exactamente la fecha en que María fue presentada al templo de Jerusalén, la imagen fue bautizada como "Nuestra Señora de la Presentación" y proclamada patrona de la ciudad. Este día es un día festivo en la ciudad, un día de devoción al santo protector de todo el norte - Río Grande do Sul.

Nuestra Señora de Lavang

Vietnam-1798

A finales del siglo XVIII, hubo una disputa entre los distintos competidores por el trono vietnamita. Entre ellos, Nguyen Anh, solicitó el apoyo de los católicos y del monarca de Francia. Sabiendo esto, Canh

Thin, su oponente, ordenó la destrucción de todas las entidades católicas que lo apoyaban.

La salida para el pequeño grupo de cristianos de ese país era refugiarse en las montañas entre fronteras. Sin embargo, sus oponentes no descansaron para aniquilarlos. Además, padecían hambre, frío, enfermedades y ataques de animales salvajes. Fue en esta situación extrema que un día Nuestra Señora se apareció a un grupo de personas con un vestido largo blanco con el Niño Jesús en sus brazos y rodeado de ángeles. Luego se puso en contacto con ellos.

"Yo soy Nuestra Señora". Mi corazón está contigo en esta difícil situación. ¡No se desanime! Tome hojas de Lavang, hiérvalas y tome té. De esta manera, se curarán de sus enfermedades. También prometo escuchar todas las oraciones que se hagan en este lugar.

Dicho esto, desapareció como humo. En este lugar se erigió una sencilla capilla. Fue el punto de encuentro de los fieles que huían de la persecución. Durante casi cien años de persecución religiosa, el santo apareció en este sitio varias veces dándoles instrucciones y animándolos. Nuestra Señora de Lavang se convirtió así en la protectora especial de los cristianos vietnamitas.

Nuestra Señora de Liquen

1850-Polonia

Era 1813. En ese momento, hubo una revolución que se apoderó de Europa provocada por Napoleón y sus soldados. Como en cualquier guerra, hubo que considerar enormes pérdidas humanas. Podemos tomar como ejemplo la batalla de las naciones en la que resultaron heridos unos ochenta mil combatientes.

Entre tantos soldados, uno de ellos llamado Tomasz Klossowski estaba dedicado a Nuestra Señora. Todas las noches insistía en la petición de que no muriera en tierras extranjeras. En una de esas noches fervientes, se le apareció la Inmaculada con una túnica dorada y un águila blanca en la mano.

"Yo soy Nuestra Señora". Escuché tus oraciones. Regresará a su región. Cuando eso suceda, busca una imagen como yo y difunde mi devoción.

"Muchas gracias, mi madre". Estoy feliz con la noticia. Lo haré según tu santa voluntad.

"Soy feliz, buen sirviente". Te dejo mi paz. Adelante, deja que esta guerra termine pronto.

"¡Que así sea!

La madre de todos nosotros se elevó ante sus ojos y pronto desapareció en la inmensidad de los cielos. Milagrosamente, este sirviente se salvó de todos los peligros en las batallas y al final de ellas regresó a su región de origen. A lo largo de veintitrés años, buscó dicha imagen y terminó encontrándola. Lo colocó en su casa y luego en una capilla ubicada en un bosque cercano.

Sin embargo, a pesar de sus esfuerzos, la devoción de María no se hizo popular en la región, dejando la imagen abandonada en el bosque. El 15 de agosto de 1850, la santa se manifestó a un párroco que pasaba.

"Yo soy Nuestra Señora". Me entristece la desolación de esta imagen y me preocupa el mal que contamina el mundo. La gente peca continuamente, no piensa en hacer penitencia y cambiar su vida. No pasará mucho tiempo y Dios los castigará severamente por eso. De repente caerán muertos y no habrá nadie que los entierre. Los ancianos morirán, los niños morirán en el acto de ser alimentados por sus madres. Los niños y las niñas serán castigados, los pequeños huérfanos llorarán a sus padres. Entonces habrá una guerra larga y terrible.

"¿No podrías clamar a Dios para que al menos alivie estos males?" - preguntó Mikolaj Sikatka.

"Hago esto todo el tiempo." La misericordia del Padre Celestial es inagotable y aún se puede cambiar todo. Cuando hay santos en el país, se puede salvar. El país necesita madres santas. Amo a tus buenas madres; Siempre te ayudaré en cada necesidad. Los entiendo: fui madre, con mucho dolor.

"Estás bien. Polonia realmente tiene madres extraordinarias. ¿Cómo podemos devolverles su cariño?

"Las intenciones más pérfidas de los opresores, tus madres las rompen. Le dan al país numeroso y heroicos hijos. En el período de un incendio universal, estos niños arrebatarán la patria libre y a su manera los salvarán.

"Yo estoy feliz. Era lo mínimo que podíamos hacer.

"Esto es solo una punta del iceberg". El mal no descansa. Un ejemplo de esto es que Satanás sembrará discordia entre los hermanos. Todas las heridas no se curarán todavía, y una generación no crecerá hasta que la tierra, el aire y los mares estén cubiertos de tanta sangre que hasta hoy no se ha visto. Esta tierra estará impregnada de lágrimas, cenizas y sangre de mártires de la santa causa. En el corazón del país, la juventud perecerá en la hoguera del sacrificio. Niños inocentes morirán a espada. Estos nuevos e incontables mártires suplicarán ante el trono de la justicia de Dios por ti, cuando tenga lugar la batalla final por el alma de la nación, cuando serás juzgado. En el fuego de las largas pruebas la fe se purificará, la esperanza no desaparecerá, el amor no cesará. Caminaré entre ustedes, los defenderé, los ayudaré, a través de ustedes ayudaré al mundo.

"Bendita sea, madre mía". ¿Podemos esperar un final feliz para esta historia?

"Para sorpresa de todas las naciones, desde Polonia, surgirá la esperanza de la humanidad atormentada. Entonces todos los corazones se moverán de alegría, como no lo había hace mil años. Esta será la mayor señal que se le dé a la nación, para que recobre sus sentidos y se consuele. Te unirá. Entonces, en ese país atormentado y humillado, descenderán gracias excepcionales como no las hubo hace mil años. Los corazones jóvenes se moverán. Los seminarios y conventos estarán llenos. Los corazones polacos expandirán la fe en el este y en el oeste, en el norte y en el sur. Se había establecido la paz de Dios.

"¡Gloria a Dios!

"Tengo una petición especial que hacer: quiero que las personas se reúnan en oración rezando mi rosario. Asimismo, quiero que los sacerdotes celebren la misa con mayor compromiso. En cuanto a la imagen, les pido que la trasladen a un lugar más adecuado. En el futuro, se construirá un monasterio y un santuario dedicado a mí. Debido a que están tan dedicados a mi causa, los cubriré de bendiciones y glorias. Nada puede hacerte daño.

"Haré lo que pueda, mi madre". Puede descansar tranquilo.

"Lo sé, buen sirviente. ¡Dejo mi paz contigo!

"¡Gracias!

Los ángeles rodearon a Nuestra Señora llevándola de los brazos. Luego volaron en dirección al cosmos. El pastor reflexionó por unos momentos sobre la mejor estrategia a adoptar en esa situación. Terminó decidiendo seguir exactamente los pasos dados.

Pasó el tiempo. A pesar de todo el esfuerzo realizado por el sirviente, nadie le prestó atención. Con su arresto, la situación empeoró. La gente solo reconoció los mensajes de la madre de Dios después de una epidemia de cólera. Con eso, hicieron penitencia. También se creó una comisión cuyo principal objetivo era verificar la veracidad de la aparición. La conclusión de este proceso fue positiva.

La imagen fue trasladada varias veces hasta que quedó definitivamente en la séptima iglesia más grande de Europa, la gloria de su región. Con el paso del tiempo, la devoción a la Virgen Madre de Dios aumentó en el país, lo que hizo que el nombre de María se convirtiera en toda Europa. Nuestra Señora de Liquen es la protectora especial de todos los polacos.

Nuestra Señora de Lourdes

Francia-1858

Primera aparición

11 de febrero de 1858-A jueves

Bernadete, su hermana Marie y una amiga fueron enviadas al campo a recoger ramas secas. Por lo general, hacían este trabajo de buena gana, lo que les daba la sensación de ser útiles. De cara a esta tarea, acordaron ir más allá, más precisamente, hasta el encuentro del agua del canal y el Gave.

En el momento exacto del cruce del agua, junto a una cueva, las dos compañías de Bernardete empezaron a cruzar el agua mientras la misma dudaba si podía hacerlo también. Esto se explica por una recomendación médica de no resfriarse.

Después de unos cinco minutos, finalmente se animó y comenzó a quitarse los calcetines. Fue en ese mismo momento que escuchó un ruido similar al del viento. Al mirar el lado opuesto de la cueva, notó los árboles en pie, lo que lo calmó un poco. Luego reanudó el ejercicio de quitarse los calcetines.

Poco después, cuando levantó la cabeza en dirección a la cueva, vio a una señora vestida toda de blanco. Según su descripción, además del vestido, tenía un velo blanco, un cinturón azul, una rosa en cada pie y sostenía un tercero. Asustada, la niña trató de tomar su tercero y hacer la señal de la cruz, pero no tuvo éxito en el primer intento. Con un poco más de tiempo, se volvió más pacífico. Logró hacer la señal de la cruz y comenzó a rezar el rosario.

A lo largo de la oración, la extraña dama se mantuvo al alcance de sus ojos enigmáticamente. Al final de esta actividad religiosa, la aparición le indicó que se acercara. El miedo, sin embargo, se lo impidió. Al darse cuenta de la fragilidad de la niña, la bella dama se alejó y desapareció en la inmensidad de la cueva.

Sola, la querida niña terminó de quitarse los zapatos. Cruzó el agua para encontrarse con sus compañeros. Posteriormente, recogieron las ramas secas y empezaron a regresar a casa. Molesta por todo lo sucedido, se puso en contacto con los demás.

"¿Has visto algo?"

"No, no lo hice. ¿Viste algo, Marie? Preguntó el amigo.

"Yo tampoco lo vi". ¿Qué viste, hermana? Marie preguntó.

"Si no lo has visto, yo tampoco lo he visto", dijo Bernardete.

La extraña conversación hizo que las otras chicas sospecharan totalmente. Entonces, en el camino, siguieron haciéndole preguntas. Insistieron tanto que el psíquico no tuvo más remedio que contarlo.

"Él está bien. Vi a una dama con un rosario en la mano en la cueva. Estuvimos un rato admirándonos y rezando el rosario.

"¿Quién era, hermana?", Preguntó Marie.

"No tuve el corazón para preguntar". El miedo era muy grande - justificó Bernadette.

"Debería haber preguntado". Solo así no tendremos dudas", observó Marie.

"¡Interesante! ¡Qué lástima que no tuviéramos visa! "El amigo se arrepintió".

"¿Mantienes esto en secreto?" Preguntó Bernardete.

"No te preocupes. Nuestras bocas son como una tumba", dijo el amigo.

"¡Exactamente! Nadie debería saberlo", dijo Marie.

La conversación terminó y las chicas continuaron siguiendo la ruta. Cuando llegaron a casa, no cumplieron su promesa al contar la historia de la aparición a todos. Esta fue, en resumen, la historia de la primera aparición.

Segunda aparición

14 de febrero de 1858, domingo

Al regresar al mismo lugar en compañía de otras chicas, Bernardete se llevó una botella de agua bendita. Valientemente, entraron a la gruta y empezaron a rezar. Al comienzo de esta actividad, la extraña dama apareció nuevamente en la visión del vidente.

Instintivamente, el clarividente comenzó a arrojar agua bendita a la aparición diciendo:

"Si vienes de Dios, quédate. Si no, vete.

La visión sonrió y asintió sin decir nada, lo que se sumó al drama de la situación. Después de todo, ¿quién era ella y qué estaba buscando? Se le vertió agua bendita hasta el final. Cuando se completa el rosario, la mujer desapareció misteriosamente. Con eso, ese grupo de jóvenes regresó a sus respectivos hogares.

Tercera aparición

18 de febrero de 1858, un jueves

Al regresar al lugar con personas pertenecientes a la élite, la vidente se llevó tinta y papel, siguiendo los consejos de algunos. Al comienzo del rezo del rosario, la mujer apareció nuevamente. Entonces se hizo el primer contacto.

"Si tiene algo que decir, diga que tomaré notas", dijo Bernadette.

"No hay necesidad de escribir lo que tengo que decir". Sin embargo, ¿quieres tener la gracia de visitarme aquí durante quince días?

"Sí", dijo el siervo de Dios.

"Me alegro por tu decisión". Continúe la oración con gran fe. Siempre los estaré bendiciendo", dijo la aparición.

"Amén", quería la niña.

Continuaron en el rezo del rosario y al final del mismo la visión volvió a desaparecer. El misterio permaneció y luego los de la cueva regresaron a casa.

Cuarta aparición

19 de febrero de 1858, viernes

El psíquico y unos seis amigos entraron a la cueva en busca de la misteriosa mujer. Al comenzar la oración del tercero, del tercer pájaro María, la vista de la extraña dama es obvia y dura unos treinta minutos. Es suficiente para que ella transmita algunas pautas secretas de devoción. Cuando se completa el rosario, desaparece misteriosamente. Según lo acordado, el profeta y sus amigos prometen regresar al día siguiente.

Quinta aparición

20 de febrero de 1858

Pronto, Bernadette y otros treinta testigos llegaron a la cueva. Tan pronto como comenzaron las oraciones, la dama del cielo se reveló como la sirvienta. La lección del día fue enseñarle una oración que debería mantenerse en secreto. Después de terminar esta tarea, se despidieron. Otro día se había cumplido.

Sexta aparición

21 de febrero de 1858

Bernadette regresó a la cueva con un contingente de cien personas. A las siete de la mañana, la gloriosa señora se presentó:

"¡Buenos días! ¡Que la paz esté contigo!

"Que así sea. ¿Qué quieres para hoy?

"Vine a aconsejarte que te mantengas en tu camino". En particular, ore por los pecadores.

"Lo haré. Pero a veces la gente es tan grosera e insensible.

"Es verdad. Sin embargo, Dios puede hacer cualquier cosa. Pide su cooperación.

"Me siento agradecido por esta invitación". No quiero nada a cambio de eso.

"No quieres, pero Dios te lo dará". Te prometo felicidad.

"¿Aquí? ¿En este mar de maldad?

"Les prometo seguridad y paz en la tierra". La felicidad se logrará en los cielos.

"Hágase en mí según tus palabras".

"¡Amén! ¡Paz y bien! Tengo que irme ahora.

"¡Ve en paz!

Desvaneciéndose en la oscuridad de la cueva, el iluminado dejó a los sirvientes para rezar. Ciertamente, ese ser de luz pura enviaría más bendiciones.

Dejando la cueva con la multitud, la psíquica comenzó su regreso a casa. A estas alturas de la historia, las apariciones ya eran conocidas por mucha gente, lo que generaba cada vez más rumores.

Uno de los que se enteró de este hecho fue el delegado municipal Dominique Jacomet. Era un hombre bruto que no creía en las religiones, luchando por un buen orden público. Las repercusiones de las apariciones fueron tan fuertes que se vio obligado a investigar el caso. Con eso, el clarividente fue llamado a declarar.

Como ciudadana cumpliendo con sus deberes, respondió a su citación sabiendo que no tenía nada que temer. En la tarde del mismo día, visitó al oficial en el trabajo. Reuniéndose en una habitación privada, comenzó a ser interrogada.

"Señorita, la he llamado aquí para aclarar". Se conoce en toda la comunidad de las probables apariciones. ¿Qué dices sobre eso? Preguntó el delegado.

"Me siento honrado de haber sido elegido por las fuerzas del cielo". No me magnifica ni me ennoblece en absoluto. Solo soy parte de un plan más grande", respondió el entrevistado.

"¿Qué? ¿Estás tratando de convencerme de que esto es cierto? ¿Pronto para mí?

"No me extraña que pueda creerlo". Después de todo, Dios puede hacer cualquier cosa.

"¡Tontería! ¡No creo en hadas, duendes, bueyes de cara negra o incluso espíritus! ¿No me basta con preocuparme por los procesos? ¿Tendré que ocuparme también de los alienados ahora?

"No es alienación". ¡Y solo la acción de Dios!

"¡Él llega! ¡Ya saqué mis propias conclusiones! De ahora en adelante, te prohíbo que regreses a la cueva.

"¿Pero ¿qué estoy haciendo mal?"

"Simplemente no quiero que se convierta en algo más grande". Vete a casa y obedece.

"Respeto tu autoridad, pero no puedo prometerte eso.

"Estás advertido". Si insistes, tendrás que soportar las consecuencias. ¡Agenda cerrada!

Bernadete salió de la habitación y de la comisaría. La audiencia con el diputado lo había inquietado. Sin embargo, llevaba en su pecho la certeza de que ningún hombre podría ser más grande que Dios. Pensaría en algo al respecto. Al llegar a casa y hablar de la entrevista con el diputado, el padre la regañó enérgicamente prohibiéndole el acceso a la cueva. La joven rompió a llorar porque sabía que todo sería más difícil relata sus pretensiones.

Séptima aparición

22 de febrero de 1858

El delegado estaba convencido de su decisión. Con el objetivo de cumplir sus órdenes, colocó soldados para guarnecer la cueva. Aunque estaba prohibido, la valiente niña insistió en la promesa hecha a Dios. Milagrosamente, los oponentes desconocían su presencia y ella puede entrar a ese lugar sagrado. Como de costumbre, oró en voz baja. Sin embargo, no pasó nada. Esta vez, la visita no había llegado. Al regresar a la ciudad, se enteró de la suspensión de la prohibición. Esta fue una victoria personal de Cristo contra Satanás.

Octava aparición

24 de febrero de 1858

Fue un miércoles cálido y tranquilo. Cerca de la gruta, había unas trescientas personas. El Anticristo gritó contra la multitud.

"¿Cómo es posible que todavía haya tantos idiotas a mediados del siglo XIX?"

En respuesta, los devotos marianos cantaron canciones en honor a la Virgen. Bernadette está extasiada por unos momentos. Por lo general, es en estos momentos cuando recibe mensajes. Volviéndose hacia la multitud, la venerable mujer grita:

"¡Penitencia, penitencia, penitencia!" ¡Ore a Dios por la conversión de los pecadores!

Entre lágrimas, la multitud prometió cumplir con la solicitud. Las fuerzas oscuras habían perdido otra batalla contra el poder de Nuestra Señora. La figura de ella pisando una serpiente representa la esperanza de los humildes en Dios. ¡Bendita sea nuestra madre!

Novena aparición

25 de febrero de 1858

El vidente y trescientas personas más están cerca de la cueva cuando aparece la aparición.

"Buenos días, mi querido amigo." Tu tarea hoy es ir a la fuente y lavarte. Comerás la hierba que hay allí.

"Haré esto ahora", dijo el querido sirviente.

El clarividente hizo lo que le pidió el santo. La visión desapareció y la joven se vio obligada a dejar el trabajo diario. Apareciendo ante la multitud que esperaba ansiosamente, preguntaron:

"¿Sabes quién cree que estás loco por hacer estas cosas?"

"Es para los pecadores", responde el venerable devoto.

Con el asunto cerrado, cada uno regresó a sus respectivos hogares.

Décima aparición

27 de febrero de 1858

Cerca de ochocientas personas asisten a este acto. Bernardita bebe agua bendita, hace penitencias y hace cadenas de oración. La extraña dama observa todo esto en silencio.

Undécima aparición

28 de febrero de 1858

La audiencia crece cada día. Ahora hay mil personas mirando al vidente entrando en éxtasis, rezando, besando la tierra y de rodillas en señal de mortificación. Debido a la repercusión de estos hechos, es llevada ante el juez y la misma está amenazada de prisión. Una vez más, las fuerzas de las tinieblas intentaban obstaculizar el camino de este discípulo de Cristo.

Duodécima aparición

1 de marzo de 1858

La fama de las apariciones creció cada vez más. Como resultado, la audiencia de ese día superó las cinco mil personas. Siguió el mismo ritual que las otras veces, con el poder de la luz acompañando todo. Con la partida de todos, Catarina Latapie, amiga del vidente, se dirigió a la cueva creyendo en el poder milagroso de la fuente que allí se encuentra. Al mojar el brazo enfermo, el brazo y la mano se curan misteriosamente, lo que da como resultado un retorno de los movimientos. Había pruebas de que Dios estaba obrando en ese lugar.

Decimotercera aparición

2 de marzo de 1858

La multitud aumenta considerablemente. Tan pronto como comienza la cadena de oraciones, aparece la señora.

"Buenos días, mi querido amigo". Hoy tengo una petición: vas a decirles a los sacerdotes que vengan aquí en procesión y que construyan una capilla.

"¡Buenos días! Transmitiré el mensaje ahora.

Pasando al grupo de sacerdotes, se pone en contacto.

"La señora que se me aparece pide que organicen una procesión hasta este lugar y que se construya una capilla.

"Exijo dos cosas para esto: quiero saber el nombre de esa Señora y ver un milagro. No lo creeré hasta que florezca el rosal - respondió Peyramale.

"Transmitiré sus demandas, querido sacerdote," estuvo de acuerdo Bernadette.

Volviendo a la aparición, pregunta, pero la visión permanece en silencio. Poco después, desaparece, entristeciendo a todo el público. Todavía no había sido esta vez.

Decimocuarta aparición
3 de marzo de 1858
Por la mañana, el vidente llega a la cueva acompañada de unas tres mil personas. Aunque todos los pasos del ritual se han seguido al pie de la letra, la visión no aparece dejando un poco de frustración en las personas. Más tarde, el vidente recibe un mensaje de la mujer pidiendo su regreso a la cueva. Allí, vuelve a manifestarse. A petición del sacerdote, la joven hace la misma pregunta de siempre. En respuesta, recibe una sonrisa. Al salir de la cueva, vuelve a ponerse en contacto con el sacerdote que reitera su exigencia: "Si de verdad quiere una capilla, que diga su nombre y haga florecer el rosal en pleno invierno".

La joven bendita regresa a casa llena de esperanzas de ver cumplido este milagro. Después de todo, no hay nada imposible para Dios.

Decimoquinta aparición
4 de marzo de 1858
La multitud crece considerablemente: ahora hay ocho mil personas que buscan una respuesta personal a la vista deslumbrante. Contrariamente a todas las expectativas, la mujer permanece en silencio ante todas las preguntas. El misterio que rodeaba a esta figura era cada vez más grande. Durante veinte días, Bernadette no regresa a la cueva.

Decimosexta aparición
25 de marzo de 1858
Era una mañana tranquila y cálida cuando la niña volvió a entrar en la cueva. Como de costumbre, comenzó a rezar el rosario. En esto apareció el iluminado.

"Estoy aquí de nuevo. Ten fe en Dios y en mí. Me llamo la Inmaculada Concepción.

"Tengo mucha fe". Transmitiré tu mensaje a los sacerdotes.

Corriendo alegremente, el siervo de Dios les contó a los sacerdotes lo que había sucedido. Están impresionados; por lo tanto, el título de "Inmaculada Concepción" había sido otorgado como un honor a Nuestra Señora y considerado como un dogma. Por tanto, el misterio quedó resuelto.

Decimoséptima aparición

7 de abril de 1858

Frente a la multitud, Bernadette enciende la vela. Su mano quedó envuelta en llamas durante este proceso. Al final de este acto, se constató que no sufrió quemaduras, aumentando la lista de milagros de la Virgen Inmaculada.

Decimoctava aparición

Se prohibió el acceso a la cueva para descontento de todos los fieles de Nuestra Señora. Alternativamente, Bernadette usa otra ruta para acercarse al sitio. Su visión es de Nuestra Señora del Monte Carmelo despidiéndose. Así terminó este ciclo de apariciones.

Conclusión

Cuatro años después, se dijo que las visiones eran auténticas. La vidente entró en la congregación de las hijas de la caridad donde permaneció hasta su muerte. Su canonización tuvo lugar el 8 de diciembre de 1933.

Nuestra Señora del Buen Socorro

9 de octubre de 1859

Campeón Wisconsin-EE. UU.

Adele y otros vecinos fueron a buscar trigo en el campo. En un momento, se sorprendió por la aparición de una mujer parada entre dos árboles. La dama vestía túnica blanca, su cabello era castaño rojizo, sus ojos oscuros y profundos estaban poderosamente fijos en la joven. Llena de miedo, nuestra hermana en Cristo siguió pensando en lo que debería hacer hasta que la visión simplemente desapareció. Luego regresó al convento.

Posteriormente, pasando por el mismo lugar, volvió a ver la imagen. Al llegar al convento, aún asustada, reveló el secreto a su confesor personal:

"Padre, una mujer se me ha aparecido dos veces. ¿Qué tengo que hacer?

"Ponte en contacto con ella". Si eres del cielo, no te hará daño.

"¡Él está bien!

Siguiendo su consejo, la monja regresó al lugar de la aparición. Como era de esperar, se le apareció a la misma dama. Más tranquila, entrevistó la visión.

"¿Quién es? ¿Y qué quieres de mí?

"Soy la Reina del Cielo, que reza por la conversión de los pecadores, y deseo que ustedes hagan lo mismo. Recibiste la Sagrada comunión esta mañana y estás bien. Pero debes hacer más. Haz una confesión general y ofrece la comunión por la conversión de los pecadores. Si no se convierten y hacen penitencia, mi Hijo se verá obligado a castigarlos. Felices los que creen sin ver. ¿Qué haces aquí en el ocio mientras tus compañeros trabajan en la viña de mi Hijo? Reúna a los niños de este país salvaje y enséñeles lo que deben saber para su salvación. Enséñeles el Catecismo, cómo hacer la Señal de la Cruz y acercarse a los Sacramentos. Esto es lo que deseo que hagas. Ve y no tengas miedo. Le ayudaré.

"Me siento honrado de haber cumplido una misión tan gloriosa". ¡Bendita sea entre todas las mujeres!

"¡Bendito sea nuestro Dios!"

"Haré lo que me pidas".

"¡Quédate en paz entonces!" ¡Que unamos nuestras fuerzas para que se conviertan más pecadores! No quiero perder a ninguno de estos pequeños.

"¡Yo tampoco! Gracias, madre mía.

"De nada, hija".

Dicho esto, la madame se levantó a su vista, yendo a unirse a los ángeles en el cielo. Esta fue otra de las apariciones registradas que apuntan a su mayor gloria. Bendita sea nuestra madre.

Nuestra Señora de la Esperanza

Pontmain-Francia-1871

Hacia las seis de la tarde del 17 de enero, Eugênio Barbeie- se hizo cargo de su hermano menor. En ese momento había llegado la vecina llamada Joana Details. Vino a hablar un poco y a extrañar a sus queridos amigos. Con la interrupción de sus funciones, Eugenio quiso salir un rato y así lo hizo.

En ese momento, se sorprendió al ver a una señora flotando unos metros por encima de una casa vecina. La hermosa mujer brillaba como el sol. Su prenda era azul adornada con estrellas brillantes, y su par de zapatos eran azules con hebillas doradas. Además, llevaba un velo negro cuidadosamente superpuesto con una corona de oro en la cabeza.

El niño admiró la figura durante un rato. Poco después, la vecina también salió a la calle y aprovechó la situación para hablar con ella.

"Joan, ¿no ves nada ahí arriba en la tienda de humo?" Preguntó el niño, señalando con su dedo índice la vista.

"No veo nada, hijo mío", dijo rotundamente el vecino.

En esto, los padres del niño también se van, pero no pueden ver nada. El niño más joven ve la misma imagen. Los demás no creen en sus versiones y los obligan a entrar a la casa para cenar. Más tarde, obtiene una licencia para irse nuevamente. Volvió a tener la visión y están asombrados.

La noticia de la aparición recorrió el pueblo y pronto se unió al menos un buen número de personas. Entre ellos, solo dos estudiantes del convento pueden describir la visión. El sacerdote instó a los demás a rezar y cantar canciones. Con eso, sucedieron hechos notables. Pasaron tres horas antes de que la visión desapareciera por completo. El mensaje dado en esta ocasión es el siguiente: "Pero orad, hijos míos; Dios te responderá pronto; mi hijo está a punto de ser trasladado".

Nuestra Señora de Pellevoisin

Pellevoisin - Francia - 1876

Un poco sobre lo psíquico

Estela Faguette nació el 12 de septiembre de 1839. Niña dulce y encantadora, pronto recibe las instrucciones religiosas y educativas necesarias en su infancia. A los once años sucedió algo extraordinario en su vida: fue elegida por la comunidad para llevar el estandarte de Nuestra Señora en la procesión conmemorativa del dogma de la Inmaculada Concepción. Fue un momento excepcional que le dio alegría y una relación más cercana con la madre de Dios.

Tres años después, se vio obligada a mudarse a París en busca de mejores condiciones de vida para su familia. En este momento, comienza a asistir a un convento que madura su devoción a María. Le gusta tanto el entorno que acaba iniciando el proceso de integración religiosa. Durante tres años consecutivos, ha realizado un excelente trabajo de predicación, y también ha ayudado a los más necesitados. Al final de este tiempo, se ve obligada a dejar su vida religiosa e ir a trabajar con una familia para ayudar a sus padres.

En la temporada de calor, sus jefes se mudan a la casa de verano ubicada cerca de Pellevoisin. Los acompañan Estela y sus padres.

Enfermedad de estela

Estela está gravemente enferma. Más cerca de la hija, los familiares de la criada le brindan el apoyo emocional necesario en este momento. Su salud es tan delicada que sus empleadores compran terrenos en el cementerio de la ciudad. El 14 de febrero, su médico personal le da el ultimátum: no le quedan más que unas pocas horas de vida. En esta ocasión, la niña ya se ha resignado a su fin. Al menos, se siente apoyada por sus padres.

Las enfermedades malditas que le infligen sufrimiento son: tuberculosis pulmonar, peritonitis aguda y tumores abdominales. Meses antes, movida por su última esperanza de curarse, había escrito una carta dirigida a la Virgen María enviada exactamente a la cueva dedicada a Nuestra Señora de Lourdes. Aquí está el contenido de la carta:

"Oh mi buena Madre, aquí estoy postrado de nuevo a tus pies. No puedes negarte a escucharme. No has olvidado que soy tu hija, que te amo. Concédeme, pues, por tu divino Hijo, la salud del cuerpo, para tu gloria.

"Mira el dolor de mis padres, sabes que no tienen nada más que a mí como recurso. ¿No podré terminar el trabajo que comencé? Si por mis pecados no puedes conseguirme una cura completa, al menos puedes conseguirme un poco de fuerza para poder ganarme la vida de mis padres y la mía. Mira, mi buena Madre, están cerca de tener que mendigar el pan, no puedo pensar en eso sin estar profundamente angustiado.

"¡Recuerda los sufrimientos que soportaste la noche del nacimiento del Salvador, cuando te vieron obligado a ir de puerta en puerta pidiendo asilo! ¡Recuerda también lo que sufriste cuando pusieron a Jesús en la Cruz! Tengo confianza en ti, mi buena Madre, si quieres, tu Hijo puede curarme. Él sabe que yo tenía muchas ganas de estar entre el número de sus esposas y que sería agradable que sacrificara mi existencia por mi familia que tanto me necesita.

"Dígnate escuchar mis súplicas, mi buena Madre, y transmitirlas a tu divino Hijo. Que Él me devuelva mi salud si le place, pero que se haga su voluntad y no la mía. Que al menos me concedas la total resignación a tus designios y que esto sirva a mi salvación y la de mis padres. Tienes mi corazón, Virgen Santísima, guárdalo siempre y deja que sea prenda de mi amor y mi reconocimiento a tu bondad maternal. Te prometo, mi buena Madre, si me concedes las gracias que te pido, lograr todo lo que depende de mí para tu gloria y tu divino Hijo.

"Toma a mi querida sobrina bajo tu protección y protégela de los malos ejemplos. Haz, oh Virgen Santísima, imitarte en tu obediencia y que un día estaré contigo, Jesús, en la eternidad. "

Respondiendo a esta carta, comenzó la secuencia de apariciones consideradas auténticas por la comunidad cristiana.

Primera aparición

14 de febrero de 1876

Es la noche del 14 de febrero de 1876. El siervo de Dios se encuentra en un momento muy frágil. Alrededor de la medianoche, un par de figuras aparecen al borde de su cama. Siga la descripción de la vidente misma: "De repente, el diablo apareció debajo de mi cama. ¡LA! Qué asustado estaba. Fue horrible, estaba haciendo muecas cuando la Virgen apareció al otro lado de la cama".

En este, se inició el diálogo entre ellos:

"¿Qué estás haciendo aquí? ¿No ves que Estela está vestida con mi librea (escapulario)? - preguntó María, refiriéndose a Satanás.

"Vine porque quiero verte en tus últimos momentos". Esto me da mucho placer", dijo Satanás con sarcasmo.

"¡Monstruo! ¿Por qué actúas así?" Preguntó la criada.

"Porque yo soy el diablo, por qué cojones", respondió Satanás.

"Cálmate, hija mía". No le tengas miedo a este monstruo", preguntó María.

"Estoy firmemente convencido de que estaré bien", dijo el paciente.

"¡Eso es bueno! "María se alegró".

Las figuras desaparecen en la oscuridad de la noche sin más explicaciones. Esta fue la primera experiencia espiritual de la mujer moribunda.

Segunda aparición

14 de febrero de 1876

Esa misma noche, al amanecer, reaparece La Virgen mostrándose con mirada preocupada y cautelosa hacia su sirvienta.

"Estoy aquí, hija mía". Quiero tenerte en mis brazos ante tu fragilidad", anunció la Inmaculada.

"Gracias, mi madre". Sin embargo, todavía estoy muy perturbado por los pecados que cometí en el pasado y que a mis ojos eran faltas leves - comentó la paciente.

"Las pocas buenas obras y algunas fervientes oraciones que me dirigiste tocaron el corazón de mi madre, estoy lleno de misericordia - reveló nuestra madre.

"Estas palabras me tranquilizan", dijo el venerable cristiano.

"¡Por suerte! Tengo tres noticias que darte: durante cinco días consecutivos te veré; El sábado, morirás o serás curado; si mi hijo te da la vida, publicarás mi gloria", dijo María.

"Me conmueve." Te ruego que me digas si me voy a curar o no", preguntó fervientemente el devoto de María.

"Estoy de acuerdo." Recibí tu carta y te digo que se curará" dijo el Iluminado.

"Gloria a Dios y bendita tú entre las mujeres". No sé cómo agradecerte tanta gracia.

"Haz el bien siempre y ya somos recompensados". Toma este período difícil como una prueba.

"Seguiré tu consejo", prometió Estela.

"Yo estoy feliz. Ahora vete a dormir, hija mía.

Dicho esto, la madre de Dios desapareció en medio de la noche oscura. Cansada, la moribunda se durmió sintiéndose un poco mejor. El día siguiente sería otro momento para probar y purificar tu alma.

Tercera aparición

15 de febrero de 1876

Estela pensó en todos los hechos ocurridos en su breve vida. Su existencia había sido una reunión de cosas buenas y malas con predominio de hechos buenos. Luego pensó: ¿Por qué no morir ahora en estado de gracia?

Tan pronto como la virgen apareció junto a la cama, se dispuso a desafiar eso.

"Buenas noches, hija mía." ¿Es mejor? Preguntó la virgen.

"Un poco mejor. Mi madre, con el debido respeto, si pudiera elegir, me gustaría morir mientras estoy bien preparada - preguntó la moribunda.

"¡Desagradecido! Si mi Hijo te devuelve la salud, la necesitas. Si mi Hijo se dejó tocar, fue por vuestra gran resignación y paciencia. No pierdas el fruto por tu elección - Sentencia el inmaculado.

"Lo sentimos mucho. Realmente no conozco los diseños del padre. Acepto con resignación continuar la misión". La sirvienta se degradó a sí misma.

"Me alegra que lo hayas pensado." Os dejo mi paz y mi felicidad. ¡Mejoras!

Dicho esto, María se levantó para desaparecer por completo. Una ola de satisfacción y alegría llenó el espíritu de Estela. Tenía mucho que aprender.

Cuarta aparición

16 de febrero de 1876

La devota Mariana ha mejorado un poco su salud desde sus últimas apariciones. Cuerpo y mente iban reaccionando poco a poco incluso ante una enfermedad muy peligrosa. ¿Quién es como Dios? Para él, nada es imposible. Sintiéndose satisfecho, este venerable sirviente continuó recibiendo la visita de la Santísima Virgen María.

En la noche del día respectivo, se sentó cerca de la cama y se puso en contacto nuevamente.

"Mi Santísima Virgen, ¿por qué me escuchaste, pobre pecadora?" Preguntó Estela.

"Lo explicaré." Esas pocas buenas obras y algunas fervientes oraciones que me dedicaste tocaron el corazón de mi madre; entre otras, esa pequeña carta que me escribiste en septiembre de 1875. Lo que más me conmovió fue esta frase: ver el dolor de mis padres si los extrañaba. Están cerca de mendigar pan. Recuerda que tú también sufriste cuando Jesús tu Hijo fue puesto en la Cruz. Le mostré esta carta a mi Hijo - reveló María.

"¿Y Qué dijo? "Curiosamente Estela".

"Eso te curaría." A cambio, debes publicar mi gloria", confirmó la madre de Dios.

"¿Pero ¿cómo se supone que voy a hacerlo?" No soy gran cosa, no sé cómo podría hacer eso, el sirviente de María estaba en duda.

"Yo te iluminaré". Cada cosa en su momento. Ahora descansa, hija mía, recomendó el Iluminado.

"Derecha. Gracias de nuevo - agradeció la joven.

Al instante, volvió a estar sola con sus fantasmas. El futuro se veía grandioso y prometedor en este momento.

Quinta aparición

17 de febrero de 1876

Fue una noche cualquiera como cualquier otra. De repente, apareció la figura de María, acercándose con su habitual sonrisa.

"Estoy aquí para recordarle sus obligaciones, ya que está un poco mejor", dijo María.

"Tan pronto como esté completamente mejorada, prometo cumplirlas todas", le aseguró el sirviente.

"Yo estoy feliz. ¿Quieres ser mi fiel devoto? "Preguntó María.

"¿Qué tengo que hacer? Preguntó Estela.

"Si quieres servirme, sé sencillo y deja que tus acciones prueben tus palabras", dijo el santo.

"¿Qué pasa si me mudo a otro lugar?" "El devoto cuestionó".

"Dondequiera que estés, hagas lo que hagas, puedes ganarte bendiciones y proclamar mi gloria", dijo María.

Haciendo una pausa, la madre de Dios se entristeció un poco y luego continuó:

"Lo que más me entristece es ver que la gente no respeta a mi hijo en la eucaristía y la forma en que la gente reza mientras sus mentes están en otras cosas. Les digo esto a los que fingen ser piadosos.

"¿Puedo proclamar tu gloria inmediatamente?" - preguntó Estela.

"¡Sí! Sí, pero primero pregúntale a tu confesor qué piensa. Encontrarás obstáculos; serás provocado y la gente dirá que estás loco. Sin embargo, no les prestes atención. Sé fiel a mí y te ayudaré - Dijo la Virgen.

La Inmaculada ha desaparecido como humo. Siguió un período de excitación, sufrimiento y dolor para el paciente. Exactamente a las 12:30 se sintió mejor. Por la noche, su confesor reveló las apariciones. Siguiendo su consejo, asistió a la misa posterior donde quedó completamente sana. ¡Bendita sea nuestra santa Madre!

Sexta aparición

1 de julio de 1876

Estela reanudó sus actividades normales. En particular, me dediqué a promover la devoción de nuestra señora como una forma de gratitud por su curación. En esta actividad se sintió feliz, realizado y con una paz indescriptible.

Después del trabajo del día normal, esta sirvienta se reunió en su habitación en oración. Alrededor de las diez de la noche, apareció la virgen rodeada de luz.

"Cálmate hija mía, paciencia, te será difícil, pero yo estoy contigo", aseguró el Iluminado.

La devota sirvienta estaba en tal estado de éxtasis que no pudo responder. La madre de Dios permaneció allí unos instantes y al despedirse dijo:

"Ánimo, debo regresar.

María se elevó a los cielos y lo bendijo. La criada seguía pensando en todos los eventos. Más tarde, se rindió al cansancio al irse a dormir.

Séptima aparición

2 de julio de 1876

Los días fueron muy ajetreados para este dulce joven. Aunque siempre estaba ocupada con sus deberes, seguía pensando en las apariciones y lo que representaban en su vida. Entonces, no esperó a que llegara la noche y encontrara a su amada madre nuevamente.

A las 10:30 am, se fue a la cama esperando ver otra visión paranormal. Aunque estaba tan cansada que se quedó dormida. Una hora más tarde se despertó y dijo sus oraciones habituales. Fue entonces cuando fue visitado nuevamente por la bendita madre de Dios.

"Estoy satisfecho con tu trabajo". A través de ti, muchos pecadores se convertirán a una nueva vida. Vamos, mi hijo ganó más almas que se dedicaron a él más profundamente. Su corazón está tan lleno de amor por mi corazón, que nunca podrá negarme nada. Para mí, tocará y ablandará los corazones más duros", confió la Virgen María.

"Te pido una señal". Mi buena madre, por favor, para tu gloria", pidió el sirviente.

"¿Y tú curación no es una gran prueba de mi poder?" Vine especialmente para salvar a los pecadores", dijo María.

"Sí, es cierto, madre mía", asintió el devoto.

"Acerca de los milagros, que la gente vea esto", concluyó María.

Dicho esto, el iluminado desapareció sin más explicaciones. El trabajo de hoy estaba hecho. Agotado, el siervo de Dios se volvió a dormir.

Octava aparición

3 de julio de 1876

La doncella de María estaba reflexionando en su habitación cuando nuevamente recibió la visita de la reina del cielo. Esta vez, ella era tan hermosa como las otras veces.

"Quiero que estés más tranquilo, más tranquilo, no dije ni el día ni la hora que regresaré, pero necesitas descansar", lo regañó la Virgen.

Antes de que la criada de María pudiera responder y mostrar cómo se sentía realmente ante la gran misión presentada, la virgen le sonrió y concluyó:

"Vine para terminar la fiesta".

La visión luego se evaporó. Cada una de estas visiones estaba creando una especie de película interesante para toda la comunidad católica. Fue un honor para esa joven ser protagonista de todas estas revelaciones. Por tanto, continuaría con su trabajo.

Novena aparición

9 de septiembre de 1876

Nuestra querida amiga, la sirvienta, estaba rezando el rosario en su habitación cuando volvió a ver la visión. Nuestra Señora apareció con la figura de una bella mujer. Mirando a su alrededor, la aparición encontró:

"Me privó de mi visita el 15 de agosto porque no estaba lo suficientemente tranquilo". Tienes un verdadero carácter francés: quieren saber todo antes de aprender y entender todo antes de darse cuenta. Podría haber vuelto, me privaste de mi visita porque estaba esperando un acto de sumisión y obediencia de tu parte.

"No me sentía listo". Mejor tarde que nunca, ¿cierto? Preguntó el sirviente.

"Sí tienes razón. Sigue cuidando mis ovejas", recomendó la Virgen.

Dicho esto, miró hacia el cielo y desapareció instantáneamente. Su venerable devoto estaba feliz por este encuentro después de tanto tiempo.

Décima aparición

10 de septiembre de 1876

Ese día, la Madre de Dios se apareció a Santa Estela aproximadamente a la misma hora del otro día. Solo hubo unos momentos en los que se quedó en la habitación para decir:

"Deben rezar. Te daré un ejemplo.

En el siguiente instante, juntó las manos y se despidió. Luego, la criada se fue a descansar de sus largos trabajos durante todo el día. Sin embargo, estaba satisfecha con los resultados de sus esfuerzos.

Undécima aparición

15 de septiembre de 1876

Fueron cinco largos días cuando el vidente se encontraba en un retiro espiritual interno. Conciliando el trabajo y la vida religiosa, la joven se sintió plenamente realizada en sus propósitos. Pero parecía que había un bloqueo en su vida. Fue por esto que la Virgen se le apareció de nuevo.

Como siempre, tuvo la visión en un momento de reflexión y oración en su habitación. Completamente iluminada, María mostró un semblante triste y preocupado al sirviente.

"Buenas noches, mi señora, que amable de su parte por venir." Estaba pensando en todos los hechos de mi vida. Concluí que viví una perversa noche oscura que me persigue hasta el día de hoy - verificó Estela.

"Necesitas superarlo." Es cierto que cometió muchos errores. Pero su carta y sus lamentos hicieron posible un milagro. Ahora depende de ti continuar tu vida con más optimismo - dijo María.

"Espero hacerlo". ¿Y los fieles del país? Preguntó el sirviente.

"Ya no puedo detener a mi hijo". Ya he puesto todos mis esfuerzos al alcance de la mano", recalcó la Inmaculada.

"¿Qué va a pasar entonces?" "Curiosamente, la criada."

"Francia va a sufrir", anunció la bella mujer.

"¡Qué triste!" Observó a la joven.

"Ten coraje y confianza". Apoyó la aparición.

"Si digo eso, tal vez nadie me crea", pensó el psíquico.

"Lo digo de antemano, peor para los que no creen, reconocerán la verdad de mis palabras más tarde", anunció María.

Dicho esto, la madre de Dios desapareció dejando a su confidente aún más asombrada por esos hechos. Fue un verdadero honor participar en estos importantes momentos. Por tanto, continuaría en la misión.

Duodécima aparición

1 de noviembre de 1876

Era el día de todos los santos. Había pasado mucho tiempo desde la última aparición, lo que puso a nuestro querido amigo un poco triste y aburrido. La experiencia de las visiones fue tan intensa y buena que siempre quiso repetirla y eso fue lo que sucedió en este día.

Apareciendo de manera ordinaria, con los brazos extendidos y luciendo el escapulario, la madre de Dios miró a su alrededor y miró hacia el horizonte con un suspiro. Luego sonrió ampliamente, dirigiendo al sirviente una mirada de bondad. Luego desapareció sin explicación. Fue suficiente para llenar el día de felicidad de esa dulce jovencita.

Decimotercera aparición

5 de noviembre de 1876

Estela acababa de rezar el rosario cuando vio a la Santísima Virgen.

"Oh, señora." Me siento indigno de la misión que me propusiste porque hay mucha gente más capacitada que yo para proclamar tu gloria - pensó el siervo.

"Te escojo a ti. Elegí lo gentil y gentil para mi gloria. Sea valiente, su tarea está por comenzar - dijo la bella dama sonriendo.

Después, la Santísima Virgen cruzó las manos y desapareció en la inmensidad de la noche.

Decimocuarta aparición

11 de noviembre de 1876

Durante unos días, esta sierva especial de Nuestra Señora se dedicó repetidamente a oraciones en busca de inspiración y ayuda del cielo para resolver sus dudas más críticas. En un momento, ella gritó la siguiente oración:

"Acuérdate de mí, Santísima Virgen María.

Inmediatamente, la bella dama apareció con una hermosa sonrisa.

"No perdiste tu tiempo hoy, trabajaste para mí", dijo.

"¿Te refieres al Escapulario que hice?" Preguntó la chica.

"Sí. Mi deseo es que hagas muchos", confirmó María.

Un inquietante silencio se cernió entre los dos. La expresión de la virgen cambió repentinamente de alegría a tristeza. Concluyó recomendando:

"¡Coraje!

Manipulando el escapulario y cruzando las manos, su espíritu desapareció. Ahora, su devoto amado se quedaría solo con sus deberes.

Última aparición

8 de diciembre de 1876

Había pasado casi un mes desde que la amada virgen se le apareció a su devoto sirviente. Este hecho la angustió y la puso pensativa. Seguía pensando en eso en la misa a la que asistió. Al regresar a casa y permanecer en la privacidad de su habitación, apareció gloriosa para lo que sería la última vez.

"Hija mía, ¿recuerdas mis palabras?" Preguntó la virgen.

De repente, las palabras más importantes de la virgen pasaron a primer plano, especialmente sobre la devoción del Escapulario y otros secretos.

"Sí, lo recuerdo perfectamente, madre mía", confirmó el sirviente.

"Repite esas palabras muchas veces. Ellos te ayudarán durante tus pruebas y tribulaciones. No me verás más", dijo María.

"¿Qué será de mí, Madre Santísima?" "El devoto estaba desesperado.

"Estaré contigo, pero invisible", la consoló.

"Vi filas de personas empujándome y amenazándome, eso me dejó petrificada", dijo Estela.

"No debes tenerles miedo, te elegí para anunciar mi gloria y difundir esta devoción", dijo Nuestra Señora.

María sostuvo el escapulario en sus manos. La imagen fue tan alentadora que el sirviente tuvo una idea.

"Mi amada madre, ¿podrías darme este escapulario?"

"Ven y bésalo", consintió María.

Al acercarse, la criada tuvo el placer de tocar y besar la sagrada reliquia que se convirtió en el momento más importante de su vida. Continuó la conversación.

"Tú mismo, ve a Prelaat y preséntale el modelo que hiciste y dile que, si te ayuda, me agrada más que ver a mis hijos usarlo mientras se alejan de todo lo que insulta a mi pueblo, mientras mi hijo recibe el sacramento de su amor y hace todo lo posible por reparar el daño que ya está hecho. Mira las gracias que debo otorgar a todos los que acostumbran tener confianza en mí y al mismo tiempo difundir esta devoción - habló María.

Extendiendo sus manos, la santa hizo caer una abundante lluvia. Ella continuó:

"Las gracias que os concede mi hijo son: Salud, confianza, respeto, amor, santidad y todas las demás gracias que existen. Me rechaza cualquier cosa.

"Mamá, ¿qué debo poner al otro lado del escapulario?"

"Tengo ese lado reservado para mí", respondió la madre de Jesús.

El tono fue adiós. Una tristeza inundó el ambiente al saber que este era el último contacto en la tierra entre los dos.

"Ánimo, si no hace lo que quiere, sube más". No tengas miedo. Yo te ayudaré", recomendó María.

Mientras paseaba por la habitación, su espíritu voló y desapareció por las grietas de la habitación. Esta secuencia de apariciones terminó. ¡Bendita sea nuestra madre!

Nuestra Señora de Knock

Irlanda

21 de agosto de 1879

Knock era un pequeño pueblo con unas diez casas. La aparición tuvo lugar en una noche tormentosa y fría: exactamente en la pared trasera de la capilla aparecieron tres personas hermosas y un altar. Doscientas personas estaban en la escena ahora y podían testificar que María, José y Santo Juan el Evangelista estaba allí. Las visiones se repitieron en otras ocasiones y debido a la ocurrencia de milagros relacionados con el hecho, fueron dadas por sentadas por la Iglesia Católica.

Apariciones en China

Nuestra Señora de Dong-Lu

1900

China siempre ha sido un escenario de resistencia a la expansión del cristianismo. Sin embargo, nuestra Señora siempre busca la conversión de sus hijos. Un evento milagroso tuvo lugar en junio de 1900. En ese momento, los perseguidores cristianos rodearon la ciudad natal de Dong Lu a punto de exterminar a los resistentes. Fue entonces cuando apareció la Inmaculada rodeada de ángeles. Esto fue suficiente para aterrorizar a los oponentes y hacerlos correr en estampida.

Salvados del peligro, los residentes construyeron un templo en honor a María como una forma de agradecerles. Luego, el santuario fue reconocido como centro oficial de peregrinaje, se brindó una fiesta en honor a la Virgen y finalmente, la consagración del país al seno de la Virgen Madre.

El régimen comunista de China fue el principal antagonista del crecimiento del cristianismo en la región. Sintiéndose amenazado, dicho gobierno reunió una tropa de cinco mil soldados, además de decenas de vehículos blindados y helicópteros que atacaron el santuario mariano. La acción dio como resultado la confiscación de la estatua de la Virgen María y el arresto de muchos sacerdotes.

Considerado como una religión ilegal, el cristianismo es perseguido continuamente en China. Los cristianos de la región tienden a ejercer la religiosidad de forma secreta para evitar represalias. Aun así, muchos de ellos han desaparecido o han sido arrestados. Es la verdadera batalla del bien contra el mal.

Una cosa que entristeció al pueblo católico del mundo fue cuando los comunistas destruyeron la Iglesia Dong-Lu durante los Juegos Olímpicos de Beijing. Sin embargo, la Imagen de Nuestra Señora de China quedó intacta, ya que no fue encontrada por los anticristianos.

Nuestra Señora también es reina de China. Incluso si Satanás continúa su persecución, no habrá escasez de católicos en lo que es el país más poblado del mundo. Prueba de ello son las innumerables apariciones reportadas en Dong-Lu. Oremos por todos nuestros hermanos y hermanas de fe chinos.

Nuestra Señora de Qing Yang

1900

Había una campesina de esta región que estaba muy enferma. Acudió a todos los médicos que conocía. Sin embargo, ningún tratamiento recomendado tuvo ningún efecto.

Una vez, estaba caminando por el campo cuando una hermosa dama con un vestido largo blanco y una faja azul apareció en el camino.

"Recoge hierba de esta zona. Prepara té y bebe. Prometo tu cura pronto.

"Está bien, señora." Haré lo que me pidas.

La campesina obedeció la orden dada y recogió hierbas de allí. Al regresar a casa, bebió té. Según lo prometido, mejoró en poco tiempo. Solo descubrió de quién se trataba la hermosa aparición cuando vio la misma imagen retratada en la casa de un católico. En este, la noticia se difundió por toda la región y por todo el país.

Por las circunstancias, la diócesis se hizo cargo de la compra del terreno en el que había aparecido el santo, construyendo en secuencia una capilla y más tarde una iglesia. Con el tiempo, la peregrinación al lugar solo aumentó y se consolidó como uno de los templos marianos más importantes del mundo.

Nuestra Señora de Sheshan

Shanghái-china-1900

Shanghai se encuentra en la costa este de China. Por su posición estratégica, junto al valle del río Yangzi, se convirtió en la puerta de entrada de los misioneros católicos con el objetivo de evangelizar a China. Tan pronto como se establecieron en el campo, construyeron un santuario dedicado a Nuestra Señora de Sheshan en el oeste de la ciudad. Junto a ella, también se construyó una casa de retiro para albergar a los jesuitas retirados.

El gran logro de Nuestra Señora en la región fue que salvó a la diócesis del ataque promovido por la rebelión de Taiping. Como agradecimiento, los cristianos locales erigieron una basílica en honor a la madre de Dios, convirtiéndola en la protectora especial de la diócesis de Shanghai.

Con la celebración de la primera conferencia episcopal, se adoptó la imagen de Shanghai como Nuestra Señora Reina de China. Debido a la Revolución Cultural, la imagen original de Nuestra Señora fue destruida y otra imagen fue reemplazada en abril de 2000. Una copia de esta estatua fue entregada al Papa Benedicto XVI y nombrada "Nuestra Señora de Sheshan". Este es uno de los centros marianos más importantes del país donde el santo verdaderamente aplasta la cabeza de la serpiente, representando la victoria del bien sobre el mal.

FINAL

www.ingramcontent.com/pod-product-compliance
Lightning Source LLC
LaVergne TN
LVHW020447080526
838202LV00055B/5370